너나들이 향기 꽃

155

너나들이 향기 꽃

정혜진

현대시학 시인선

ㅎ|ㅅ

※ 시인의 말
자연의 빛깔로 걸어온 길을 채색하며

　문학이 무엇인지 모르던 어린 시절, 교원이신 아버지의 사랑 덕분에 나는 책 속에 빠져들곤 했다. 귀한 책들을 구해 주신 아버지는 감성이 풍부하신 분이셨다.

　초등학교 2학년 3월, 아버지는 예쁜 그림이 그려진 광택 표지의 일기장을 생일 선물로 사 주셨다. 일기장을 받아든 나는 너무 좋아서 하늘 높이 붕 떠오르는 기분이었다. 그날 이후 지금까지 일기 쓰기는 내 생활의 일부가 되었다.

　「지붕 없는 미술관」이라고 일컫는 내 고향 고흥은 어린 시절 나에게 맑고 순수한 감성을 아낌없이 담아주었고, 고향에 대한 향수를 갖가지 빛깔로 채색해 주었다.

　학창 시절 좋은 선생님을 만나 시를 쓰게 된 것도 나에겐 커다란 행운이었다. 시는 순간순간을 흔적으로 남겨 삶의 역사를 보듬을 수 있게 해 주었다. 아름다운 추억과 그리움과 안타깝고 아쉬운 단면을 담아내는 무한의 세계이며 내면의 소리까지 내뿜게 하는 탈출구가 되기도 했다.

  지금까지 걸어온 길을 초록 연두 녹색의 빛깔로 풍성하고 아름답게 채색해 준 자연이 고맙다. 푸른 하늘과 따듯한 햇살과 달과 별에게도 항상 감사한 마음을 전하면서 살고 있다.

  긴 세월 문학인으로 살아오면서 그동안 써 온 시들을 정리해 보았다. 살아온 날들이 투영된 흔적들을 모아 시집으로 묶는다. 자신을 사랑하는 마음으로 지금까지 걸어온 길에 색깔을 입혀 조심스럽게 엮는다.

  발문을 써 주신 노창수 시인이자 평론가님께 감사 말씀 드리며, 가족으로 맞이해준 현대시학에도 고마운 마음을 전합니다.

정혜진

차례

❖ 시인의 말

1부 날아오른 국화꽃자리

언향言香	14
4월, 그 힘찬 발돋음이여	16
손톱반달	18
작은 사슴섬의 이별 꽃	19
불꽃	20
등꽃	23
별이 되어 일어서다	24
내 고향은 그리움의 꽃	26
그리움 속에 가을을 묻고	28
날아오른 국화꽃자리	30
밤빛에 스며든 물바람	31
뱃길 하모니	32
강빛에 물들다	33
비단섬 거금도에서	34
섬 하나 섬 하나 섬	36
비대면	38

2부 터널에 갇힌 심장

모래 꽃 피워낸 추석 보름달	40
그리움 안고 있는 백도	42
바다 여행	44
깨어나다	47
수증기	50
터널에 갇힌 심장	52
진달래꽃	55
당신을 가슴에 담았어도	58
영원히 살아있을 인동초꽃 그 향기	61
그리움	64
흩날린 꽃잎으로 다가선 사람	66
그리운 얼굴	68
그리운 사람	70
고장 난 수도	72
하늘이 울다	74
예초기 높은음	76

3부 구름의 언덕

불을 지피다	78
구름의 언덕	80
규봉암의 가을	81
세월의 표피	82
만연산 산책길	84
토속골 투박이	86
다선 일미에 젖어 들다	88
이른 아침 논둑길	90
기다림 2	91
너나들이 향기 꽃	92
산	94
희망 찾기	95
로컬푸드 부표	98
운주사 전경	100
내 안의 방문객	102
구름다리	104

4부 손톱을 사이에 두고

쑥섬	106
덮개	107
지렛대 선물	108
냄비의 두 귀	109
손톱을 사이에 두고	110
묶음줄	112
쫀득쫀득	114
바위 귀	115
바위에게	116
굴곡	118
자연에 물들다	120
꼬순내	122
바닷물에 젖어 든 달빛 그림	124
해넘이 속으로	126
기원	127

: **해설**

향토의 샘에서 길어 올리는 서정의 두레박 | 노창수(시인·문학평론가)

1부

날아오른 국화꽃자리

언향言香

뚝배기보다 무딘 입술에서
얼굴 통로 거쳐 건네준 참말
귓바퀴 대문 열고 들어와
몸 안 어디 쯤에 안착한다

몽글몽글 수증기처럼 스며들어
단맛 나게 솔솔 풍긴 향 내음
시간 흐름에 편승하여
가슴 속 정점 그만큼에서
따순 호흡으로 콩닥거린 언어

말의 씨앗으로부터 움터 나온 싹
정갈하게 다독여 길러가는 보람
마침내
겹으로 다가온 달콤함

걸어가는 일상의 마디마다

안개 넝쿨처럼 자욱한 향기로 퍼진다

4월, 그 힘찬 발돋음이여

산자락 휘감아

매몰차게 다그치던 겨울바람

시리고 아리게 파고들던 기세가

맥없이 꺾였다

더 이상 버티지 못하고

시간의 정거장 한 자락 어디쯤

하차 결정 서두른 삼동 추위

햇살 무늬 훈훈한 입김에 눌려

흔적마저 지워져 간다

가진 것 하나 없이 훌훌 털어 내려놓고

앙상한 빈 가지로 서서

모진 북풍 하얀 적막 이겨낸 대견함이

뿌듯함에 기운 얻어

심장 깊숙이에서부터

힘찬 맥박으로 일어설 때

땅속 깊은 곳에 묻어놓았던 열정 쏟아내
솟구쳐 발돋움하는 의지의 깃발 펼쳐 보이며
앙상한 가지 끝마다
갖가지 색깔 찾아 꽃망울 훈장 달아주고
마른 나무에 새잎 틔우며
새롭게 태어남을 자축하는
무한의 생명력이 드디어 반짝인다

아지랑이 씨앗 흩뿌린 4월은
대지를 깨우는 꿈틀거림
꽃 빛 설렘으로
가슴 뛰게 하는 희망찬 발돋움이다

손톱반달

바쁜 손놀림으로

망각 속에 잠재해 있는

무심한 의식 세계

어디쯤에서

조금 크게 내밀었다가

하얀 부끄럼으로

살짝 드러내 보인

안심 수치 손톱반달 루눌라!

삶의 궤도 꾸준히 걸으며

활기차게

당당해질 수 있는 응원이다

작은 사슴섬의 이별 꽃

출렁거린 바닷물
철썩이는 파도에 둘러싸여
하늘빛 물빛 정원이 된
작은 사슴 섬 소록도

아픔 간직한 한센병 환자들
애환 품어 키워낸
하얀 두메별꽃이 서럽다

차마 헤어지기 애달파
발 동동 구르는 안타까움
깨알 이파리에 담아 꽃피워낸
두메별꽃 백정화는
한 맺힌 속울음 눈물로 방울지어
아픔 끌어당긴 이별 꽃인 것을

불꽃

가슴을 열지 않고
어찌 타오른다 말을 하리

치솟아 터뜨리지 않고
어찌 그 이름 부를 수 있으리

침묵으로 날을 새워 밤을 밝히면서
시작과 끝을 하나로 이어가는
혼신의 몸짓만으로도
평행의 거리는 감격하여 일어선다

흙냄새 그 소박한 기원은
얼마나 덧없는 어리석음이었던가

지리한 장막 벗겨낸 손과 손들은
화약가루 철퇴 앞에 힘없이 묶어졌지만

끓어오른 불꽃의 행렬로 인하여
거리는 다시 활력을 되찾는다

모진 돌 널려 있는 험난한 길
맨발로 딛고 걸어온 세월
물집 터진 상처에서
배어 나온 핏자국 너무 선명한데
펄럭이는 깃발 보이지 않아
표류하는 슬픈 넋은
아직도 어둠에 갇혀 있다

진실로 그리워하고
진실로 아끼면서
껴안아 용서할 그날 향해
끊임없이 타오를 불꽃의 행렬

막힌 가슴 활짝 열고

그 이름 부르며 환호할 때까지

치솟아 깨어있을 몸짓이다

등꽃

어둠이 풀어 내린 실타래 고운 결로
새 움 돋는 줄기 끝에
유리알 예쁜 꽃망울 매달아 놓았다

아침이 열린 물빛 하늘 반기며
반짝 트인 보랏빛
하얀빛으로
송이송이 눈동자 굴리며
눈높이 그만큼에서
생동하는 대지에
활기찬 향기 웃음 나눠주고 있다

별이 되어 일어서다

남도 끝자락 고흥반도 나로섬

언젠간 나라 보석될 거란 예언처럼

별이 되고픈 소망의 땅이었다

장구長久한 세월

꿋꿋하게 버티고선 외진 곳

연육으로 이어진 맞춤에 힘입어

우주 향한 무한 질주

푸른 발자국 새겨 안음으로 인해

우뚝 세운 역사의 이정표

2022년 6월 14일 오후 4시

웅장함 속에 민첩한 용병 품어

굉음 연기 뚫고 솟구친 누리호!

가슴 조이며 기다린 숨 막힌 순간

기세 당당하게 하늘길 뚫어

드넓은 창공에 문패 내걸었다

항공 우주기술 자립 그 위력은

세계 7대 강국 성공 신화에 빛난

자랑스러운 별이 되어 우뚝 일어섰다

내 고향은 그리움의 꽃

남도 하늘 끝닿는 곳에
높이 솟아 우리른 팔영산
여덟 봉우리 마주 보며
우리 마을 감싸 안은 복호산

과역 점암 들녘 아우른
넓은 저수지 둑길엔
소먹이며 네잎클로버 찾던
유년의 추억이 물들어 있다

푸른 물빛 해창만 지나면
우주항공수도로 우뚝 선 나로도
벚꽃 유채꽃 만발한 고흥만

떠올려 눈 속 그림 펼치면
그리움으로 피어오른

내 고향 고흥은

긴 세월 흘러가도

시들 줄 모르는 가슴 꽃이다

그리움 속에 가을을 묻고

우수에 물들어간 나뭇잎처럼

코끝 찡하도록

따스한 인정이 그리운

늦가을 뒤안길에서

무심코 마주한 연보랏빛 산국화

여름날 뜨거운 열기

유연한 몸부림으로 걸러내며

실낱같은 줄기 가락 지어

마알간 꽃술 피워 올리고픈 소망

절절히 감겨든 흔들거림이

차라리 애처롭다

해 질 녘 가로수 길 따라

떨어져 구른 낙엽 소리 들으며

스산한 바람결에 날려 보내고 있을

진한 그리움

연보랏빛 서녘 하늘에

사무친 그리움 들어 올려

길다란 추억 속에 고이 담아

가을을 묻는다

날아오른 국화꽃자리

기다림의 끝자락은

지상에 드리운

엷은 무지개로 투영되고

노을빛 황홀함에 휘감겨

드디어

자리바꿈으로 비상한 국화꽃

그리움 마중하며

가을이 익어가고 있다

밤빛에 스며든 물바람

어둠이 내려와

물소리마저 잠재우려는 계곡

안개만큼 빈 무게로

고요롭게 숨죽여 스며든 실핏줄

물 위에 사뿐 내려와

맴도는 듯 공간을 점유한다

희미하기 그지없는

녹색 엷은 빛

밤으로 이어진 장막 사이에 두고

어수선한 일상 차분하게 가라앉혀

한줄기 물바람으로 머문 자리

한가롭게 숨 쉬는 계곡은

지금

휴식을 마중하고 있다

뱃길 하모니

물 위를 달리는 썰매

미끄러져 나가면

눈가루 되어 흩날린

하얀 거품 꽃

해 그림 낙하로 눈이 부신

바위 섬 절벽 뿌리

출렁거리는 하얀 파도 연주

한가득 몰려든 갈매기 떼

날개 펼친 음으로 가슴에 파고든다

뱃고동에 숨긴 설렘이

양식장 오선지에서

이음줄 리듬으로 되살아나

물길 따라 경쾌하게 바다를 움켜쥔다

강빛에 물들다

작은 물줄기 걸어 나와
풀잎 손맞이로 일어선 강물

실바람 물무늬
새벽안개 피워 올리며
하늘 끝 멀리까지 보내야 하는
긴 호흡에 숨이 찬다

햇살 받아 반짝거린 윤슬
현란한 다이아몬드 사이 사이로
조각조각 깍지 낀 은빛 어울림

시야 가득 차오른 강줄기
푸른빛으로 되살아 올라
온몸 휘감아 스멀스멀 점유한다

비단섬 거금도에서

천만년 긴 시간 묶어
귀한 이름 지어준 폿대
비단으로 감싸안으며
잠겼다가 일어서고
깨어났다가 다시 침묵하는
주춧돌 흰검바위

바람결 따라 몸짓 바꿔가며
금빛으로 어루만진 영근 물거품들
눈부시게 아름답다

태양이 데려다준 적대봉 그림자
구름이 띄워놓은 물속 깊은 계단
끝닿는 수평선마저
한 폭 풍광으로 채색한 파도
커다란 울림 앞세운 섬 둘레길

따뜻하게 스며든 사람들 있어

투명하게 눈 맞춤하던 귀한 인연

기억 저장고에 담는다

섬 하나 섬 하나 섬

근육질 팔뚝 같은 건장한 방파제

억센 바닷물 견인에도 끄떡하지 않고

하늘만큼 무량의 순수함만 채워 안아

누구도 간섭하지 않은 너른 물 마당 위에서

한 폭 꽃으로

무언의 그림으로

천년 바다살이로 침잠한 섬·섬·섬 하나

눈이 시리도록 되쏘인 햇살

구름 낭만에 멋스러운 풍광 들어 올리고

출렁 파도 달빛 운치 모두 소유한 채

절벽 같은 그리움 쌓아 올려

층층 바위 계단 만들고 있는 섬

망망대해 항해꾼 쉼터에 콧대 세우고

비행에 지친 새 떼

날개 휴식 공간 만들어 준 것만으로도 신이나
셈법 모른 우매함이 순수의 정 드러내지만
삼킬 듯 달려든 성난 풍랑마저
분동 없이 품어준 지구 한 조각

숨이 찬 일상에 빠져들어
마음 섬 조차 망각한 지친 사람들에게
젊음 되돌려줄 원동력 지렛대임을 자처하며
원할 때면 언제든 내어 주마던
간절한 바람에 느긋해진 모습은
삶의 시계 찾아주고자
있는 힘껏 끌어올린 물결로
번뜩이는 섬광 하나씩 차곡차곡 모아가고 있다

비대면

마주하지 않아도

넌

언제나

내 앞에 있어

2부

터널에 갇힌 심장

모래 꽃 피워낸 추석 보름달

산도 들도

고요로운 적막 속에 스며든

추석날 밤 11시

익금해수욕장* 은빛 모래들

황홀한 파도 리듬 따라

촤르르~ 촤르르~ 낮은 합창 소리

우주 향해 띄워 보내고 있다

손짓으로도

입맞춤으로도

추석 보름달 꿈 조각 오묘한 빛

한껏 껴안을 수 없어

그물처럼 성근 실핏줄

허공 어디 만큼에 묶어두고

희끄무레한 형제섬

가물가물 숨어든 수평선까지

널따란 보자기에 펼쳐 보이며

촤르르~ 촤르르~

들리는 듯 사그라든 파도 소리

그리운 꽃 이파리 엮어

천년 그 언저리에 길이 남아 아른거릴

모래 꽃 피워올리고 있다

* 익금해수욕장: 전라남도 고흥군 거금도에 있는 유난히 모래가 고운 해수욕장

그리움 안고 있는 백도

끝닿지 않는 그리움
심연 깊은 곳에 감추고
초록 이끼 갈색 말 눈물로 씻어낸
크고 작은 39개의 하얀 바위섬

아흔아홉 바위 봉우리
태양으로 닦아내
눈부신 빛 조각 키우고 있다

발길 닿지 않아 천연 그대로인 바위벽
무겁게 두텁게 안전하게 지켜내며
마주 보다가
이음줄로 끌어주다가
신비로움 간직한 채
흰점박이풀꽃 지켜내기 위해
숨죽여 안간힘 쏟은 자생지 수호신들

거문도 동쪽 해상 수리섬 등대
하얗게 색깔 바랜 기암괴석 절벽

구구절절 맺힌 그리움 뭉뚱그려
전설처럼 오묘하게 솟아올라
그림자마저 끌어안은 채
아름다움으로 투영된 하얀 바위벽

신비의 섬 걸맞지 않게 외로움 삼키며
붉은 산초에 기대어 꽃으로 다시 솟아올라
뜨거운 입김으로 다가설 따뜻한 인적
애타게 기다리고 있는 중이다

바다 여행

수저 한 벌이면
넓고 큰 바다 어디든
속속들이 유영遊泳 하신 아버지

오랜 기간
고흥 바닷가 어촌 벗어나지 못해
해산물에 맛 들여진 입맛 덕분이다

기막힌 미각 앞세워
눈앞에 나타난 재료 파악 완료 후
요리 백과 펼치듯
톡톡톡- 감각까지 들춰놓으신다

가장 많이 찾은 건 친근한 해물탕
군침 도는 기대만큼
갓 끌어 올린 생선만 봐도

조개 새우 미더덕 갯벌 모둠에다
대파 마늘 당근 양파 깻잎 곁들여
별난 양념장 동원하면
속풀이까지 맡길 일품요리

해물탕만 있으면
어떤 음식 부럽잖은 바다 여행
제대로 누릴 수 있어
단박에 생기 찾은 아버지
식탁에 놓인 수저로
맛깔난 여행길 출발이다

뜨끈한 국물에서 모락모락 올라와
코끝 간질거린 국물 냄새
후~ 후~ 불어 퇴로 열어주면서
맛난 식사 즐기신 아버지

항상 아버지 곁을 지킨

고향 바다 있어서

즐겁게 하루 엮으실

식사 티켓이 된 수저 한 벌

어~! 으흐흠~!

쩝 쩝 쩝~!

이윽고

흐뭇한 여행길 마무리로

만족스럽게 수저를 놓으신다

깨어나다

아버지는 전화를 받지 못했다
깊은 잠에 묻혀 있어서
벨소리는 귓바퀴를 돌아나갔다

보통 때는
무의식적 반사행동으로
울림에 익숙해서
깜빡 늦잠에 젖어있다가도
소리 강도와 상관없이
수화기 잡아끌어 귀에 대는데
오늘 아침은 정적뿐이다

순간
침묵하던 사념이 꿈틀대고
무심하게 흐트러졌던 시간이
바짝 신경을 곤두세우며

긴장모드로 전환한다

언어가 몸을 일으켜야 맞는데
아버지 손은 멈춤 그대로인 듯
한없이 길게 냉랭하다

아직 늦잠이겠지
잠시 생각의 끈 늘추며
애써 태연한 척
손에 든 전화기를 껐다
아예 내려놓았다

죄명이 무엇인지도 모르게
방망이 치고 있는 심장 소리
뇌파진동으로 이어져
의식 세포들까지 두들겨 때린다

뜀박질 속력으로 방문 열었을 땐
오랜 병석 훌훌 벗어나
먼 길 혼자서 걸어갈 차비 마쳤는지
아버지는 미동조차 거부했다

귓바퀴 돌아나간 벨소리와는 무관하게
청아한 풍경 음 앞세운 아버지는
분명 또 다른 구슬픈 가락에 옷자락 펄럭이며
휘이 휘이 깨어나고 있었다

수증기

스멀스멀

훈김이 목줄 타고 올라온다

꺼억꺼억

입 밖으로 빠져나온 틈새에서

서서히 사라진 물 입김

처음엔 분명 안개였을 게다

세월 따라 부옇게 차오르면서

뜨거워졌을 촉촉한 무게

한 치의 답답함조차 남김없이

모두 쏟아낼 수 있기를

간절한 바람은 허탕으로 돌아섰다

젊디젊은 숫자 한 켠에서

예고도 없이 하늘길로 날아오른 이별 새

환상 껴안은 허탈함 가슴에 자리 틀어

하염없이 눈속임하며 꺼져가던 안개 방울

블랙홀에 감금된 심중 헤아릴 리 만무하다

잘근잘근 조여 오는 그리움이

안개보다 굵은 수증기로 목구멍까지 차올라

후우욱-!

먹먹한 가슴 속 비집어 쏟아져 나온다

터널에 갇힌 심장

생소하기 그지없는 병명

심장판막증

이상 징후 두려움이

수면 위로 떠 오른 건

팔팔하고 탱글탱글하던 20대 후반

새 생명 잉태 소식으로 설렘이 찾아온 뒤였다

턱턱 차오른 호흡 곤란

더 이상 참을 길조차 보이지 않아

두근두근 불안함 안고 찾아 나선 흉부외과

심장은 이미 캄캄한 터널 속에 갇혀

간절한 도움만 호소할 뿐이었다

어둠 짙게 깔린 절망의 늪에 빠져들어

피맺힌 속울음 삼키며 몸부림쳐봐도

앞이 보이지 않은 공허한 미완의 해답들

3%의 생존율에 목숨 내맡긴 17시간의 사투
위대한 의술은 생명줄 연결하여
기적처럼 어둠 밖으로 호흡 깨워 일으켰는데
밝은 빛 되찾은 기쁨 누리기엔
깊은 터널이 너무 커다란 장벽이었을까

끈질기게 괴롭힌 불안과 고통의 올가미
벗어나고픈 몸부림 탈피하지 못한 터널 안에서
숨 막힐 순간까지 버티다 지친 심장은
더 이상 사력 다한 박동 소리 일으키지 못했다

터널에 갇혀 신음한 40년 세월
밝은 햇살에 눈이 부신 포장도로
확 트인 널따란 길 밟고 달리며

환희의 깃발 펄럭이고픈 소망

끝내 펼칠 힘 잃어버린 채

고통 끌어안고 눈물 삼킨 은하수 별꽃은

슬픈 영혼의 씨앗이 되어

무서운 침묵으로 우주를 향하고 있었다

진달래꽃

 그랬다
 적어도 두 가지만은
 마침표 아닌 진행형으로 남아 있다
 혹한의 채찍에 휘둘려 앙상한 빈 가지로 남은 산천
 햇살 눈빛에 기운 얻어 남쪽 바람 마중할 채비 서두르고 있을 때
 예고도 없이 깜짝 놀라킴으로 진분홍 눈짓 앞세워 불을 밝힌 진달래꽃
 삭막하기 그지없는 몸체 흔들어 잘난 척 일어서서 얼굴 드러내며
 달보드레한 입맛으로 유혹하다 못해
 화전으로 다시 태어나 마음 흔들어 들뜨도록 휘저어 놓았는데

 이랬다
 여덟 바위 그림자 봉우리 찾은 꼬불꼬불 산줄기 팔영산

중턱

꽃물결 불타오른 아! 저절로 터져 나온 환호!

심장이 출렁거렸다.

황홀함에 취해 모든 게 멈춰 섰다

이후

또 하나

운암산을 물들인 진분홍 꽃 시위

바람은 아직 꽃샘 심술 거두지 않았지만

추억 마디 익히며 키 넘는 꽃대에 묻히던 날

사랑도 한 덩어리인가 했더니 설렘은 거기까지였다

3월 23일 오후

산기슭에 강렬한 자부심으로 서서 시선 강탈해 놓고

잠 깨우기 위해 안간힘 쏟는 마른 나뭇잎 흔들며

듬성듬성 진분홍 촛불을 켠 진달래꽃

꽃샘바람 앞세워

하늘 멀리 여행길 오른 넋은

휘파람으로도 마주할 수 없는 존재 자체를 부인하면서

못내 잊지 않았다는 눈빛 언어 쏟아내며 발걸음 막아섰다

그랬다

영원할 수 없어도 결코 사라지지 않을 거란 확신만큼은

이 봄에도 분명한 언약이라고

산책길 마주한 진달래꽃은 가슴에 파고들어 새겨 안고 있었다

당신을 가슴에 담았어도

2009년 5월 29일 새벽 5시*
국민장의 서막이
봉하마을로 이어진
4km 거리를 모두 메웠습니다

「삶과 죽음이 하나가 아니겠는가
운명이다
미안해하지 마라」

긴 여운 남긴 당신의 말 마디마디는
모두의 눈물을 닦아주는
노란 손수건이 되어
가슴을 온통 채웠습니다

오전 6시
운구차가 봉하마을을 떠날 때

노란 종이비행기 날려

미처 하지 못한 말 건네는

수없이 많은 사람들 울음 언어는

영원한 색임이 되었습니다

우리의 손과 눈이 되어

청백한 실천으로 최선을 다하려

속 태워 아파했던 당신 곁에는

힘없는 사람들의 애절함이 있었습니다

국민장이 치러진 경복궁을 끝으로

돌이킬 수 없는 영원을 향해

이승을 하직해야 할 당신 생각에

진정 목이 메입니다

마음을 추스러 다잡아도

하염없이 흐르는 눈물이 그칠 줄 모릅니다

시공을 초월하여
울림으로 일어설 당신의 목소리는
세월이 흐른 후에도
청 구슬 수정 빛으로 반짝일 것입니다

당신의 물빛 사랑 가슴에 담았어도
밀려든 아쉬움은 강줄기 되어 멈출 줄 모릅니다

영원한 그리움으로 남아 있을 당신을
이제 가슴에 묻습니다
당신을 사랑합니다

* 노무현 대통령이 떠나던 날

영원히 살아있을 인동초꽃 그 향기

바위틈 실눈 사이 흐르고 흘러

목마름 달래줄 샘물 이룬 영천수처럼

하얀 꽃잎 노랗게 익어가며

은은하게 다가온 인동초꽃

어두운 대낮

짙게 드리운 안개 걷어내고자

온몸을 태우고 태우면서

고난의 길 마다하지 않고

꽃등 밝힌 당신의 열정은

살아 움직이는 역사가 되었습니다

칼바람 살얼음 거친 폭풍에도

꿋꿋하게 버티어낸 인고의 세월이

당신의 높은 의지

빛으로 반짝거리게 만들고 있는 지금

홀연히 떠난 빈자리가 너무도 크옵니다

「자유가 들꽃처럼 만발하고
정의가 강물처럼 흐르고
통일의 희망이 무지개처럼 솟아오르는
그런 세상을 만들고 싶다」던 한평생 바람은
얼굴 가득 환한 웃음 잃지 않았던 그 모습처럼
무궁히 피어날 것입니다

말로만 내던진 숱한 사람들과는 달리
행동하는 양심으로
줄기차게 뜀박질하며 보여준
당신의 위대한 실천력에서
아름다운 인생이 진정 무엇인지
새삼 깨닫습니다

눈보라 모진 추위까지도

변함없는 다짐으로 끄떡없이 이겨내어

민주화의 꽃 피워낸 인동초 그 향기는

당신의 빈자리에 영원히 남아

어두운 대낮 밝혀줄 꽃송이와 더불어

은은하게 퍼져나갈 것입니다

당신을 떠나보낸 아쉬움이 멍울로 남습니다

당신이 그립습니다

• 2009. 8. 18. 김대중 대통령의 서거 소식을 접하며

그리움

도리질로 팽개치면

한발 가까이 되쏘임하는 눈빛

심연의 닻이 되어

고뇌의 늪을 점유한다

하루해 서산마루에 걸리고

서녘 노을

긴 그림자 삼켜

어둠 찍어 올리도록

묶어 띄워 보내지 못한 설렘이

의지로움 자체를 거부한다

망각의 깊이 헤아려

기필코 방황의 끝에 서야 함을

일관되게 고집하면서도

낯선 모습으로 돌아눕지 못한 것은

이토록 아픈 가슴

보듬어 다독이고픈 인정 탓일까

흩날린 꽃잎으로 다가선 사람

지름길 따로 있을까

손바닥 두께로 던져진 시간 궁굴려
세월 스치는 길목에서
인연의 돌멩이 주워 성벽 쌓아 올릴 때쯤
가슴 폭 언저리에 미소처럼 머문 사람

가냘픈 어깨 추스르며
세파의 빠른 행렬에 섞여
지친 걸음 여념 없는 날들인데
상념 비집고 들어선 꽃잎 같은 흔들림

속살처럼 해맑은 시냇물
수정 낯빛 되쏘임에
무게도 없이 피어난 들꽃 하나
미풍마저 잔잔히 들여다보며

삶의 깊이를 측량한다

흩날린 모습으로 소리 없이 다가와
옷섶에 묻어 내린 들꽃 향기
메인 가슴 잔잔히 풀어내 준 길 위에
여린 채취 감싸 안은 눈빛이 촉촉하다

그리운 얼굴

뇌리 주변 언저리까지
온통 다 채우고도
밖으로 튀어나오고파
발버둥 치는 이름 위에
가만히 포개진 얼굴 하나

빈 시간 얇은 틈 비집고 들어와
소리 없이 점유하여
들리지 않는 하얀 소리
묵언으로 타진하듯
내 귀 가장자리를 건드린다

혼자서 길을 걸어갈 때면
그리도 잽싸게 불쑥 따라와
보이지 않은 모습으로
동행 자처하는 야속한 사람아!

달빛 그늘에 숨어 있었는지
풀숲 가림막으로 눈속임 자처했는지
어느 사이
마음의 문 슬며시 젖히고 들어와
조약돌 반짝이는 빛 조각으로 남아있다니

세월 엮어가는 날들이 부채질해도
미동조차 없는 영혼의 숨결 그대로
가슴 한복판 차지하고 앉아
기억의 끄나풀 쥐고 있는 얼굴이여!

그리운 사람

순간으로 스쳐간 오늘이
마음 자락 붙잡아
결코 지울 수 없는 지금

겹겹으로 밀착되어
잊힌 듯 가물거리다가도
선명하게 다가선 얼굴
되쏘임으로 일어나
영원하지 않은 시간 앞에 서 있다

지난날 눈길 마주하며
나란한 발걸음으로 걸어갔던 길
그림자처럼 가까이 동행했지만
비바람 안개 거센 파도에 밀려나
흩어지고 사라진 자국만 남아 애달프다

언뜻언뜻 흐릿한 형상으로 부딪혀와

사념 어디만큼 차지하다가도

순간 가슴속에 묻히고 마는 사람

목이 메이지만 그뿐

영원하지 않은 시간 앞에서

눈물방울 같은 그리움에 젖는다

고장 난 수도

왜 그리도 화가 났을까

손 타는 일 없는데
수도계량기가 돌아간다

작은 눈가림처럼
시작은 미세했지만
몇 달 동안 보폭 키워
수치 상승 확연히 드러났다

이젠 수리공이 나설 차례다

집안 곳곳 파헤쳐
어디쯤 화근덩어리 숨겨져 있는지
수색 탐지하느라 진땀이다

두더지 작전 끝에

냉장고 뒤 이음새 붙잡았다
갈아 끼우기로 끝낼 수 없다는 듯
다시 슬금슬금 눈치 살핀 물뿌리개
시멘트 바닥에서 풀려나
높이뛰기하고 있던 먼지는
덩달아 합세라도 할 심산이다

길어진 시간의 끝 탓하며
핑계 아닌 이유라 설득하지만
단단하고 꼼꼼한 첫 손질

못내 아쉬운 날이었을까?
무작정 화내며 올라간 상승 수치
야무지게 막아선 수리공에겐
더 이상 통할 리 없었던지
슬그머니 기가 꺾였다

하늘이 울다

겨울 찬바람에 냉랭한 노변路邊

건초 사이 뚫고 온기 닿은 시발점은

지극히 무심한 씨앗 하나 일어선 찰나였다

강풍에 편승하여 산등성이로 질주하는 화마火魔

거침없는 괴력이 허공 가르면서

무지막지 집어삼킨 산천은

속수무책 상실된 저항력에 넋을 놓았다

긴긴 아홉 날 내내 불 머리 치켜세운 화염은

울진 삼척 2만 9백 22헥타르 지구 터전 산림山林

남김없이 잿더미로 바꿔치기하고

녹색 생명 주택 시설 앗아간 폭력 휘둘렀다

먹구름마저 통곡한 불길의 속행速行은

시작 순간 작은 씨앗에 우둔했던 착각임을

수천수만 개 별들 눈이 반중한 가운데

신음하는 사람들 한숨 껴안은 하늘이

매운 눈물만 쏟아내고 있다

예초기 높은음

우쭐우쭐 기세 좋은 초록 악보
거칠게 읽어낸 예초기

잘려 나간 풀들이
대항 한 마디 못한 채
힘을 잃고 눕는다

높은음에서 쏟아져 나온
위협적 공포감

매끄러워진 밭 언덕
산소에서 잠이 든 영혼들
잘려 나간 녹색 함성 되받아
풀들 대신 울고 있다

3부

구름의 언덕

불을 지피다

파쇄기

분쇄기조차

손사래로 거부한 종이 폐기물

택배 상자에 붙어 있는 라벨

포장지에서 얼굴 내민 주소

크고 작은 상품 길 찾기 열어준 이름표

몰래 셀카만큼 비정한 눈동자에

바퀴라도 달릴까 봐

눈치껏 휴지 소각장 공집합이 먼저라며

라이터 꺼내 들고 찰깍찰깍!

손가락으로 정점 눌러 일으켜 세운 불꽃

흔적 없이 사그라질 한 줌 재를 위해

슬그머니 끌어당긴 뜨겁고도 가벼운 열기

연기 꽃 몇 송이 피어올라

밤빛 어둠 건너뛰어 달아나다가

불 안개 너머 우주 어디쯤

자유로운 영혼 되어 샛별로 뜬다

구름의 언덕

공식도

기약도 없이

광활한 우주 세상

자유롭게 영유하다가

되돌림 앞 세워

활짝 열어젖힌 휘장

바람 나룻배에 실려

모둠으로

칸 칸으로

뭉게구름 조각으로 일어선

무한의 계단

오름길

내리막길

영혼 자락 숨겨진 언덕길에서

삶의 이력을 읽는다

규봉암의 가을

감빛

오렌지빛

주상절리 감싸 안아

청색 하늘 거울에

풍광 되쏘임 하는 규봉암

쪼르르 마중하는

숨돌이

가웃 웃음 스치고

꽃잎 단풍잎 메모장

가을 낮 햇살 받아

곱고 환하게 펴 보인다

세월의 표피

불규칙이 점유한 시계視界는
직선과 사선과 곡선을 반복하며
평온을 어지럽힌다

부정확한 질주임을 인지하면서도
어디쯤에서 브레이크를 밟아야 할지
복선으로 헝클어진 교차로 앞에
곧은 선 찾기란 쉽지 않다

살아온 날들이 몇 겹 포물선 되어
혼란스럽게 다가올수록
일상은 고달픔에서 벗어나지 못하고
넉넉함을 꿈꾼 줄달음은
아직 끝머리에 닿지 못했다

그래도 언젠가는 화려한 위안의 뜰에

닻을 내려 안착할 실낱같은 바람

등 빛 따라 반짝이기에

쉼 없이 걸어가는 행보이지만

시시때때로 걷도는 발걸음이 무겁기만 하다

만연산 산책길

신기리 부처샘 벗어나

외곽도로 건너가면

늘어선 가로수들

손짓 팔랑거리며 반긴

만연산 오르막길과 만난다

철 지난 채소밭

텅 빈 논바닥에서

흙 모둠에 기댄 채

웅크려 떨고 있는 마른 잎들

포근하게 덮어준 하얀 눈이

눈부시게 맑다

호수 물빛 내려다보며

우람한 모습으로 서 있는 만연산

한가롭게 드리운 그림자 있어

더없이 평온한 저녁나절

매운바람 겁내지 않고
뜨거운 열정으로 피워 올린 동백꽃
마음까지 붉게 물들인다

함께한 운동기구들 덕분에
조금씩 따스해져 온 체온

호숫가 산책길 비잉 돌아 나오면
코끝에 스며든 상큼한 향기 길게 남아
하루해 넘긴 발걸음이 살풋하다

토속골 투박이

흙냄새 풋풋한 바람결 따라

도심을 벗어나다 보면

트인 들 건너에

손때 묻지 않은 골짜기 있어

원시 역사 소롯이 담아내고 있다

산과 산이 어깨 겨누어

달아실 벼루골 효자산동네 버드나무골

두루두루 품어 안아 띠를 이룬 곳

다듬어지지 않은 바위 무더기

고인돌 유적지가 보인다

눈비 세찬 바람

이끼 돋아 막아낸 투박함이

천년 긴긴 세월 쌓아놓은 흔적들

고스란히 지켜내어

세계문화유산으로 거듭난 토속골

그곳엔
풋풋한 정 나누며
흙냄새 묻어난 바람처럼
귀하게 살아가는 사람들이 있다

다선 일미에 젖어 들다

몇백 년

봄 햇살로 스친 세월

변함없이 단아한 모습으로 일어선 매화꽃

새봄 안부 전할 즈음

초의선사 기념관에 이른다

그윽한 차향과 참선 한가지 맛으로 들어 올려

연꽃 찻잔에 무경계 무조작 일깨우며

번뇌에 물들지 않고

불생불멸 빈 마음 열매 맺게 한다

맑고 투명하게 우려낸 백자 찻잔 미묘한 빛깔

앉아있는 그 자리 너머 잔디 위 스쳐 나가

고요롭게 감돌아 안기는 심연心緣에서

나도 모르게 흘러내린 묵언들

연꽃 미소 닮은 공손 정성 사랑으로

비움과 채움이 하나 되는 깨달음 꽃 피우며

한평생 일궈도 부족한 불법승의 지혜

아쉬움 떠나보내지 못한 간절함 삭이며

두 손 모아 명상의 숲에 젖어 든다

이른 아침 논둑길

새벽 일찍

전답 찾아 집 나선

통 고무신 발걸음 소리에

부스스 잠이 깬 논둑길

이슬 젖은 바지 끝자락

부드러운 촉감 점점이 묻어나고

이른 아침

상큼한 안부 반가워

기지개 켜는 벼포기들

녹색 보자기 흔들어 답한다

등마루 넘어온 해님

빗살 웃음으로 다가와

코끝 시큰하도록

솔솔 날린 풀 내음

바람결에 실어 보내고 있다

기다림 2

불러도
들리지 않는 소리 모아다
초침 속에 묻어둡니다

설렘은 심장을 저울질하여
강물로 흘러내리고

불안스럽게 하루를 접어야 하는
내심의 고통이
잔잔한 그리움 위에
흔적조차 버겁게 머물러 있습니다

연둣빛 이파리로 싹을 틔워
세월을 엮어가야만 하는 고달픈 손길

오늘도 고뇌의 늪엔
지친 목마름이 있을 뿐입니다

너나들이 향기 꽃

첫물에 이어
두 번 세 번째 살이

취나물 부추 싹
돋음으로 일어나
햇살 구름 단비 맞으며
텃밭 채워 보듬는다

백색 순한 자연의 언어 품은
작디작은 조각 꽃잎들

가림막 없는 대지에서
흙밥 나눠 갖는 흔희작약
속 깊은 사랑이 향기로 여문다

시작노트

잠에서 깨어난 텃밭 가족들은 뿌리, 줄기, 이파리 제각각 역할 살아나 한 모둠으로 뜀뛰기를 합니다. 게으름 파고들 틈 내어주지 않으려고 해님이 보내준 시간표대로 움직이면서 새소리 바람 소리와도 어울립니다.

가끔은 쉬는 시간 만들어준 구름의 그늘막 아래에서 살짝 낮잠 한 숨 자기도 하지만 한 모둠으로 크고 있는 텃밭 가족들 하나 된 발걸음 숨소리 장단 맞추어 쑥쑥 쑥 키를 늘리고 있습니다.

산

두 팔 벌려

한아름 안에 가둘 수 없는

높이와 넓이를 지닌 계단 밖 그 세상

눈여겨 가름해보면

한결같이 품어 다독이는 풍광

헛바퀴 채널 돌린

작은 걸음걸음 부끄럽게 한다

희망 찾기

태곳적부터

새 생명 잉태와 순환 위해

자연이 빌려준 귀한 지구

주인인 양 제멋대로 훼손하고

망가뜨린 무서운 벌

도드라진 흔적이 모두를 위협한다

분해까지 500년이나 걸린다는 플라스틱

바다 가운데 쓰레기 섬 만들었고

죽음으로 이어진 바다 생태계 고통은

우리 곁에 바짝 달라붙어 목숨 줄 조인다

최고의 맛 곱창 김은 씨앗조차 크지 못하고

통발 어장 폐사 현상

유령멍게 바다딸기 확장 공세는

심각한 기후변화 공포감 대변한다

더 이상 지체할 여유 부리는 건 기만이다

조금은 불편하더라도

생명 순환 위해

애정 어린 눈길 손길 발걸음으로

생활 가운데서 쏟아진 잔해들

줄이고 분리하고 재활용한 실천 내용

마음 페이지 한쪽 양심 수첩에

차근차근 기록해 나가야 할 시점이다

생성 분해 과정 거치는 동안

물과 이산화탄소로 나뉘어

유기자원으로 이용 가능해진 플라스틱

희망 담은 새 정보는 놀라운 활력 신호다

하나에서 출발한 메시지는

수천수만 개 모둠 되어

해수면 상승 자연재해 기 꺾을 수 있다

한평생 머물다 갈 지구 손님답게

겸손함 배인 일상이야말로

반짝거릴 웃음 미래 찾아줄 열쇠다

로컬푸드 부표

눈엽嫩葉에 담긴 순수의 손길이
새벽으로 이어지는 시간
해가 되고 달이 되는 부표 하나 떠 있다

화살처럼 날아간 세월 이음에
주저하며 다가서는 매듭 달

성한 날 없이 쑤셔대는 삭신
부자유스럽게 아픈 관절 마디에도
갖가지 처방 끌어와 토닥여가며
애호박에서부터 줄줄이 일어선 농산물들
저마다 으뜸 자랑삼아 앞세운 당당한 이름표는
끌어안을 한 점 부표 있어 가능한 일이었다

제아무리 꼿꼿하게 치켜든 몸짓이라도
내리눌러 무덤덤하게 만든 우월감은

순한 먹거리만 바라보는 갈빛 흙

자연의 위력 덕분에 건재할 수 있는 자산이다

운주사 전경

대님 접어 매신 할아버지
흰 고무신 발걸음 총총 옮겨
천불산 계곡 향취
옷섶에 품어 오실까

색깔로 채워진 골짜기 곳곳엔
안개 너울 어설픈 미풍에 감돌고
긴 시간 닦아 올린 치성
간절한 소망은 층층 계단 되어 탑을 이룬다

영혼까지 헹궈 내려 안간힘 쏟을수록
가로막아 스치는 번뇌의 허상들
기필코 털어내려는 몸짓이 절절하다

하늘빛 그리움으로 누워 있는 와불 곁에
합장한 모습으로 서 있는 할아버지

그윽한 솔잎 향이

두루마기 옷고름에 스며들고 있다

내 안의 방문객

참 많다

잠시

내 안에 머물다가

어느 순간 자취 감춘 손님은

순간순간

색깔까지 달리하며

기다릴 줄도

참아줄 아량도 없는 듯

시시때때로

표정까지 바꿔치기하는데 능숙해서

인내를 저울질해대는

마음속 방문객

내킨 대로

분노를 일으켰다가

온화한 웃음 붙들었다가

순간순간 변덕스럽게

하루에도 몇 번씩

종잡을 수 없는 색깔 드러내며

마음 온도계 쥐고 있는 변덕스러움

분위기쯤 아랑곳하지 않는 손님이지만

덤덤하게 버려두기엔

아직 길들임으로 평정할 수 있다는

실낱같은 여력에 의존하여

조금씩 떨쳐내고 있는 속박의 굴레

이 또한 희망이다

구름다리

산중 깊은 계곡
치솟아 오른 봉우리

발길 내밀어
마주 하고픈 안타까움이
무지개로 뜬다

허공에 그어진 포물선

비탈을 타고 올라
구름과 손잡으면
청 빛 향해
유유히 노 젓는 뱃사공 되어

마음은 벌써
하늘 높이
구름다리 건너 떠가고 있다

4부

손톱을 사이에 두고

쑥섬

푸른 물결 새침하게 일렁이는 바다 품
쑥 향기 동백꽃 속에 포옥 안겨 있는 작은 섬

빤히 건너다보인 나로 선착장 코앞에 두고
가방 멘 내 친구 등굣길 발 동동 구르며
훌쩍 건너뛰기하고 싶은 충동 삼키던 곳

해 바뀌고 세월 지나서
이제는 손톱달처럼 앙증맞게 채색한
정원으로 바뀌어

물무늬 꽃 빛 아롱다롱 펼쳐서
눈길 가로채고 있다

덮개

눈에 보인 모든 걸

순식간에 덮어 침묵시키고

어둠에 기대어

무념으로 비울 수 있도록

빛줄기 하나까지

단번에 차단벽 쌓아 가둔

육중한 위력

지구는 그만 손발이 묶였다

지렛대 선물

두 어깨에 덧씌워져
무겁게 줄다리기하던 세월이
한걸음 비켜섰다

숱한 어려움 헤쳐 나오는 동안
숨 돌려 쉬어갈 여유는
어디에도 없는 듯 아득했지만
이순 고개 넘어선 겨울 초입
새 둥지 마련한 아들딸은
든든하게 받쳐 준 지렛대가 되었다

힘겨웠던 어깨의 무게
어느 만큼은 헐거워졌으니
삶을 디자인한 청춘의 향기는
줄다리기 그 세월 바꿔놓아
차분차분 딛고 나갈 든든한 선물이다

냄비의 두 귀

보글보글~

덜컹~ 덜커덩~!

언제 터질지 모를

뜨거운 폭탄으로

변신하고 싶겠지만

쫑긋 세운 두 귓바퀴

살짝 어루만져 맞잡아봐

언제 그랬냐는 듯

다소곳이 내려앉은 그 자리

활짝 웃음이 차지할 거야

손톱을 사이에 두고

올려다봐도

내려다봐도

단 한 번 마주할 길 없는

손등과 손바닥

손톱 경계벽 너머로

약간의 기웃거림이 전부다

체념하듯 서로는

곱고도 부드러운 손결과

단단해서 주저앉을 게 없다는 손바닥

판이하게 차별된 양면은

다투어 자랑 앞세우기 바쁘다

제각각 특성 인정하며

맡겨진 역할

거부감 없이 받아들여

값진 제 몫에 충실하면 될 것을

상반된 두 층

그립다 보고 싶다

떠올린 것조차 상상할 수 없어

손톱 경계 사이에 두고

그저 힐긋 기웃거려봐도

서로 각각 외롭다

묶음줄

얽히고설킨 인연의 끈
어느 만큼
세월의 겹 돌려세우고 나면
한 끄나풀 느슨해질까

훌훌 털어내도 될 듯하여
여유롭고 느긋하게
불편한 긴장감 풀어내면서
쉬어가도 될 것처럼
이쯤이면 됐어!
나이테 열어 되돌린다

살아가면서 굳어진 매듭들
나도 모르게
얽히고설킨 묶음줄은
후~ 우~ 숨 고르기로

풀어내야 할 2차 방정식

힘겹지 않아도 될 정답이
바로 거기 곁에 와 있다

쫀득쫀득

찰지고 구수한 인절미
씹을수록
진한 맛과 향 나눠준 것처럼

말밥 적은 사람
대화 속에는
쫀득쫀득 탄력이 있다

맛깔난 언어 속에
감칠 향 풍기는 말밥

대면하여 몇 마디 나누다 보면
쫀득쫀득한 구수함에 끌려
저절로 빠져든다

바위 귀

웃는 얼굴

기쁜 표정

드러내 보이진 않아도

솔바람

산새 소리

너무 좋아서

온몸으로

욕심껏 들으려고

빗방울에게 보채는

무딘 돌덩이

오돌토돌 오돌토돌

수십 개

쫑긋 귀 생겼다

바위에게

그림자하고만 놀아서
검갈색 닮아가는 너!

수많은 날 길목 지켜
오가는 사람들 이야기
산새들 지저귐
풀잎 스치는 바람 소리
다 들어 알면서도
한마디 발설하는 일 아직 없구나

다만 오늘이 내일로 통하고 있음을
투박하게 거칠어진 살갗으로
잘게 돋는 이끼로
내보이고 있을 뿐인 너!

푸르게 달음박질하는 모두의 오늘을

묵묵히 응원해 준 속마음 짐작하기에

나는 지금
그 깊이를 헤아려 읽고 있다

굴곡

막힘 앞에서도
거뜬하게 올라챌 준비 멈추지 못한
서러운 인생아!

살아온 날들 언저리에서
훼방 놓듯
밀어닥친 거센 파도처럼
아픔만 주던 운명아!

어차피 부딪혀 이겨낼 의지
잃지 않았거늘
이제는 그만
힘든 차단막일랑 걷어치울게

살아낼 힘 아껴둔 지금
고난 딛고 일어설 수 있으니

절망하지 않음에 감사하며

스스로

조심스럽게

발걸음 내딛고 있지 않니?

자연에 물들다

계절이 내어준 시장에서

너무 쉽게 매료된

생각과 상상과 형태들

신비하고 놀라운

자연의 변화에 눈 돌릴 때쯤

의지와 상관없이

무너진 감정 영역

숫자와 계산과 비율이 무색하다

눈과 귀가 받아 안은

넓이와 폭 그대로

연두 초록 녹색 빨강 노랑 하얀 보라

담백하고 화려한 색깔에 스며든

원초적 자신의 본향 발견하고

화들짝 놀라

멈칫 스스로 되돌아본다

꼬순내

선산 향해 성묘 가는 자동차 안에서
1971년 존 덴비가 발표한 노래
Take Me Home Country Roads
(그리운 고향길)
잔잔히 들으며
하늘 땅에 펼쳐진 자연 그림
눈 안에 담는다

가까이 다가왔다가
하늘 멀리
뭉게구름으로 형상을 만든
아름답고 청아하고 그리운 풍경들

고이 잠들어 침묵하는 유택
상석 위에 차려 놓은 음식에서
연기처럼 스며 나와 번진

옥고시 유과 콩떡의 꼬순 내음

오래된 종갓집에서
할머니가 건네주던 전통 과자, 누룽지 그 맛
꼬스름하고 달콤한 냄새

성묘하는 후손들 코끝 간질거려
고소한 향수 속으로 빠져들게 한다

바닷물에 젖어 든 달빛 그림

해넘이 노을빛 채색에 잠기고

사그락 자글자글

잔잔한 물결 소리 어둠 불러내

둘레 길 이음줄에 기댈 때쯤

나무도 풀잎도

푸른빛 내려놓고

회색 안에 침묵한다

사방이

소리 낮춰 명상에 잠기고

바닷물에 스며든

우주의 광폭과 하나 된 순간

집 떠난 여행지에서

달빛 마중받으며

밤을 맞는 느낌이 새롭다

넓게 펼쳐진 물 마당 지나서

거실 안까지 찾아와 너울거린

풀잎 그림자

그리운 얼굴로 형상 지어

가깝게 다가선 달빛 그림이

오늘따라

젖은 추억의 끈 풀어내게 한다

해넘이 속으로

총총거린 바쁜 일상

솟구쳐 팔랑이는
나뭇가지들 잔상까지

노을빛 아늑함으로
오롯이 감싸 안아

다독다독 잠재우려 하는가

기원

지금 여기 주어진 시간만큼은

얼기설기

실핏줄로 살아 나

꿈틀거리게 해 주소서

※ 해설
향토의 샘에서 길어 올리는 서정의 두레박

노창수(시인·문학평론가)

1

아마도 시인에겐 고향이 두 곳인가 싶다. 그의 지연地緣은 온화 섬세한 품세와도 같다. 원래 태생인 고흥은 제일의 고향이고, 지금 터전인 화순은 제이의 그것이다. 그는 교직 생활을 주로 고흥, 보성, 화순, 나주 등 남도에서 근무했다. 현재는 화순에 텃밭 농사를 지으며 글을 쓴다. 아니, 자유와 낭만을 구가하는 삶을 짓고 있다고 본다. 풍광이 수려한 두 고장에서 지정至情의 연緣을 연결해 보이듯, 삶의 일상과 기호嗜好에 대한 시를 서정의 깊은 맥락으로 연결하는 작업 중이다.

그래서일까. 이번 시집에서 특징은 일차적으로 향토적 풍미를 형상화하는 게 두드러져 보인다. 자연에 깃든 정서를 시적 온정으로 담아냈기 때문이다. 해서, 잘 읽힌다. 어머니가 자식에게 차려준 고봉밥과도 같이 사물에 얹는 그 따뜻한 눈빛이 있다. 더불어 밀밀히 밀려오는 안온한 서사, 행간에 들이비친 섬세한 서정이 깊고도 도탑게 자리해 있다.

2

그는 1977년 《아동문예》에 동시 천료와, 1991년 광주일보 신춘문예에 동화가 당선되며 등단했고, 48년간 아동문학가로서 연치를 쌓은 원로작가이다. 그동안 동시집 『초록이가 사는 텃밭』, 동화집 『핑크와 블루의 아주 멋진 날』 등 27여 권을 상재하는 등 작가적 역량을 쌓아왔다. 초등학교 국어 교과서와 음악 교과서에도 그의 동시가 실려있다. 학교에서 정년퇴임 이후, 농사와 함께 글 쓰기에 전념하고 있다. 무릇 요지경 같은 세파에도 좌고우면하지 않고 굳은 창작정신으로 글 심지를 곧게 하기에 한참이다. 그의 작가적 위치는 한국아동문학상, 한국동시문학상을 비롯해 10여 개의 굵직한 문학상으로써 문단 거목임을 입증한다. 2022년도에는 전라남도 명예예술인으로 지정되기도 했다.

이제, 그동안 향토적 정서를 깊은 서정시로 표출하며 틈틈이 일구어낸 그의 시적 편력과 내력을 드러낸 작품을 살펴본다.

작은 물줄기 걸어 나와
풀잎 손맞이로 일어선 강물

실바람 물무늬
새벽안개 피워 올리며
하늘 끝 멀리까지 보내야 하는
긴 호흡에 숨이 찬다

햇살 받아 반짝거린 윤슬
현란한 다이아몬드 사이 사이로
조각조각 깍지 낀 은빛 어울림

시야 가득 차오른 강줄기
푸른빛으로 되살아 올라
온몸 휘감아 스멀스멀 점유한다
- 「강빛에 물들다」 전문

이 시는 "작은 물줄기"가 심중을 잡는 생태형 작품이다. 점층법적 기술로 징검다리를 놓으며 이미지는 푸른 빛을 띤다. 시적 구조는 시간에 따라 달라지는 강의 빛처럼 '기승전결'의 단계화를 보인다. 즉 ①기: 〈작은 물줄기-풀잎 손맞이-일어선 강물〉, ②승: 〈새벽 안개-먼 하늘 끝-숨이 찬 긴 호흡〉, ③전: 〈햇살의 윤슬-다이아몬드 사이사이-은빛 어울림〉, ④결: 〈강줄기-되살아난 푸른빛-휘감은 점유〉 등의 세 줄기로 연에 지음이 그것인데, 실은 연리지와도 같이 출발점이 같다. 그 단계를 보면 먼저 "강빛에 물"이 들어가는 스스로를 감각적으로 드러내며, 이어 '물줄기'에 일어나는 '실바람'이 그리듯 자신에게로 향한 '물무늬'를 시차별로 묘사한다. 이제, 화자는 점점 시선을 멀리 띄우며 그곳에 "반짝거린 윤슬"을 당겨서 본다. 그리고 드디어 "시야 가득 차오른 강줄기"와 마주하게 된다. 강은 "온몸"을 "휘감"는다. 나아가 그를 "스멀스멀 점유"해 버린다. 화자는 강의 도도함과 만나게 된다. 그러자 푸른 빛을 뿜어내던 강은 다시 밀밀하게 짙어져 오는 것이다.

이 시는 작은 물줄기가 강이 되는 과정을 물리적 안목으로만 보는 게 아니다. 화자에게 끼쳐오는 푸른빛, 그게 온몸을 타고 오르듯 '스멀스멀' 끼쳐오는 감각, 이게 화자 내면 빛깔로 재 환치되는 과정을 추구한다.

    도리질로 팽개치면
    한발 가까이 되쏘임하는 눈빛
    심연의 닻이 되어
    고뇌의 늪을 점유한다

하루해 서산마루에 걸리고
서녘 노을
긴 그림자 삼켜
어둠 찍어 올리도록
묶어 띄워 보내지 못한 설렘이
의지로움 자체를 거부한다

망각의 깊이 헤아려
기필코 방황의 끝에 서야 함을
일관되게 고집하면서도
낯선 모습으로 돌아눕지 못한 것은
이토록 아픈 가슴
보듬어 다독이고픈 인정 탓일까
― 「그리움」 전문

　인간사 그리움의 아우라를 "도리질로 팽개"치려 하지만 그때마다 그리움은 "한발 가까이 되쏘임"으로 온다. 그리움은 곧 사랑이다. 다가오는 그이의 "눈빛" 때문에 지난 미련에 의해 부푼다. 한때 그를 잊고자 떠났지만 '되오면 그 자리에 서졌다'는 「그 집 앞」의 노래처럼, 그이 생각으로 돌아오곤 하는바 목마른 '요요현상' 같은 걸 겪기도 한다. 그이는 내게 심연의 닻처럼 잡힐 듯 잡히지 않는다. 화자가 고뇌 속 늪을 헤어나지 못하고 '그 집 앞'처럼 발걸음과 마음을 그만

점유 당해버리는 것이다. 고민과 고뇌를 반복하며 그에게 띄우지 못한 사연이란 무수하다. 그걸 다 전하지 못해 아쉽다. 지금 그를 향한 설렘으로 그리움은 먹먹히 차오른다. 해서, 역설적으로, 잊어버리자며 각오하는 "의지로움"으로 그 다짐조차 "거부"하고 만다. 기필코 방황의 끝에 이르는 아픈 가슴을 다독이고 싶다. 언필칭, 이처럼 '그리움'이란 떼어내기가 어렵다. 잊자 잊자하면서도 무의식에 그를 가라앉히다 떠올리는 게 바로 '그리움'이지 않는가. 결국 사람과 사람의 관계에 '그리움'을 안고 죽은 그 익명성을 드러내는 서정의 알약과 같은 작품이지 않을까 싶다.

3

파쇄기
분쇄기조차
손사래로 거부한 종이 폐기물

택배 상자에 붙어 있는 라벨
포장지에서 얼굴 내민 주소
크고 작은 상품 길 찾기 열어준 이름표

몰래 셀카만큼 비정한 눈동자에

바퀴라도 달릴까 봐
눈치껏 휴지 소각장 공집합이 먼저라며
라이터 꺼내 들고 찰각찰각!
손가락으로 정점 눌러 일으켜 세운 불꽃

흔적 없이 사그라질 한 줌 재를 위해
슬그머니 끌어당긴 뜨겁고도 가벼운 열기

연기 꽃 몇 송이 피어올라
밤빛 어둠 건너뛰어 달아나다가
불 안개 너머 우주 어디쯤
자유로운 영혼 되어 샛별로 뜬다
― 「불을 지피다」 전문

  분리수거 장소에 놓인 택배 상자들이 있다. 화자는 상자에 붙은 접착물의 라벨이나 포장지에 붙은 주소 스티커를 떼어낸다. 그는 그것을 모아 소각하면서 느낀 바를 전언한다. 하면, 조금은 특별한 시다. 그는 "라이터"를 "꺼내 들고 찰각찰각" 누르다 겨우 "일으켜 세운 불꽃"을 보고 힘을 느끼기도 한다. 라벨과 스티커가 타며 뿜는 "뜨겁고도 가벼운 열기"와 함께 "사그라질 한 줌 재"를 그가 바라본다. 불 연기가 오르면 상표와 주소는 "자유로운 영혼"이 된다. 재는 먼 공중으로 "올라" 가는 것이다. 시는 이처럼 분리수거의 행위를 통해 자신 안에 든 생태의식을 섬세하게 보여준다. 박스와 포장지에 스티커를 하나하나 떼어내 소각하는 일이란, '환경'이 화두라는 요즘에도 그리 흔히 보는 일은 아니다. 한데, 이 시가 깊어지는 건 다음 단계이다. 태운 상표는 재로 남거나 연기가 되어 올라간다. 그러나 거기서 마치는 게 아니다. 연기는 마지막 "샛별"이 되고, 그 별은 멀리 떨어져 있는 화자를 새삼스럽고도 자랑스럽게 바라본다는 것이다.

깊이의 서정은 이렇듯 무한에 이르는 세세함과 밀밀함으로 고양되어 있다. 그건 우주로 향해 있는 바 〈대상-관찰-시도-실천-반향〉의 단계적 서정성을 띤다. 이게 '정혜진식 특허'의 한 시법일 법도 하다.

    참 많다
    잠시
    내 안에 머물다가
    어느 순간 자취 감춘 손님은

    순간순간
    색깔까지 달리하며
    기다릴 줄도
    참아줄 아량도 없는 듯
    시시때때로

표정까지 바꿔치기하는데 능숙해서
인내를 저울질해대는
마음속 방문객

내킨 대로
분노를 일으켰다가
온화한 웃음 붙들었다가
순간순간 변덕스럽게
하루에도 몇 번씩
종잡을 수 없는 색깔 드러내며
마음 온도계 쥐고 있는 변덕스러움

분위기쯤 아랑곳하지 않는 손님이지만
덤덤하게 버려두기엔
아직 길들임으로 평정할 수 있다는
실낱같은 여력에 의존하여
조금씩 떨쳐내고 있는 속박의 굴레
이 또한 희망이다
— 「내 안의 방문객」 전문

  번잡하기에 거절하는 "내 안의 방문객"은 많지만, 덮어두고 지나칠 때가 더 많다. 화자도 "잠시 머물다가 자취를 감춘" 바, 거기 나쁜 손님이 "참 많다"고 털어놓는다. 내 안의 방문객은 종종 "표정까지 바꿔치기"를 하며 화자의 "인내를 저울질해" 댄다. 그만큼 변덕이 심한 고약한 나를 만나는 일이 많다. 그는 "하루에도 몇 번씩 종잡을 수 없는 색깔을 드러내며" 이런 변색을 부린다. 그는 정작 기다릴 줄 모르는 객과 같기에 스스로 안내심을 저울질해 볼 때가 있다. 아무튼 비위란 내 내부에서 일어나지만 종잡을 수가 없다. 일을 결정하는 데도 그만의 "온도계를 쥐고" 놓아주질 않는다. 그러니, 못 말릴 이기주의자인가. 그래, 화자는 그를 그렇게 "버려두"어선 안 되겠다 여긴다. 아직 자신에게는 변덕을 "평정"할 "실낱같은 여력"은 있다. 그만도 다행한 일이다. 즉 스스로의 변덕을 제어할 결단력을 발휘할 수 있는 자신감이 살아있는 것이다. 조석변개의 마음을 "떨쳐내"면 될 듯해 그와의 이별을 선언할 "희망"을 가져도 본다.

　이 시는 자신의 고약한 변덕스러움에 대하여 마음을 다잡고 다스리는바, 잘 되리라는 믿음을 희망적으로 포장한다. 즉 성이 차지 않는 자신에 대한 또 다른 나의 변덕, 그 치유력을 발동시키는 동기를 형상화한다. 내면으로 향한 자아 성숙을 위해 지난한 투쟁 심리를 읽을 수 있는 작품이다.

　　첫물에 이어
　　두 번 세 번째 살이

취나물 부추 싹

돋음으로 일어나

햇살 구름 단비 맞으며

텃밭 채워 보듬는다

백색 순한 자연의 언어 품은

작디작은 조각 꽃잎들

가림막 없는 대지에서

흙밥 나눠 갖는 흔희작약

속 깊은 사랑이 향기로 여문다

― 「너나들이 향기 꽃」 전문

  화자의 텃밭 가꾸기는 전원생활의 주요 프로그램이다. 장점은 매일 식재료 걱정을 덜어 준다. 취나물과 부추는 잘라 먹는데, 다시 길어나 베풀어주는 먹거리다. 이들 "햇살 구름 단비 맞으며" 다시 채우고 보듬는 생명체를 그는 귀히도 여긴다. 아무 "가림막 없는 대지"에서 "흙밥"을 "나눠 갖는 그 무량함도 좋다. 이맘 때는, "흔희작약"이 "속깊은 사랑"으로 "향기"를 뿜는 제철이다. "너나들이 향기 꽃"에는 "첫물"을 따고도 다시 "두 번 세 번째" 따게 되는 즐거움이 크다. 이 텃밭은 앞으로 기다리는 만큼의 식재료를 더 많이 제공해 줄 터이다.

나누고 베푸는 시인의 잔잔한 일상과도 닮은 텃밭의 생리를 평화와 베풂의 장으로 전하는 꾸밈없는 전원적 작품이다.

    대님 접어 매신 할아버지
    흰 고무신 발걸음 총총 옮겨
    천불산 계곡 향취
    옷섶에 품어 오실까

    색깔로 채워진 골짜기 곳곳엔
    안개 너울 어설픈 미풍에 감돌고
    긴 시간 닦아 올린 치성
    간절한 소망은 층층 계단 되어 탑을 이룬다

    영혼까지 헹궈 내려 안간힘 쏟을수록
    가로막아 스치는 번뇌의 허상들
    기필코 털어내려는 몸짓이 절절하다

    하늘빛 그리움으로 누워 있는 와불 곁에
    합장한 모습으로 서 있는 할아버지
    그윽한 솔잎 향이
    두루마기 옷고름에 스며들고 있다
    ―「운주사 전경」 전문

우리 시단詩壇에서는 운주사의 서경을 노래함에는 전하는 서사만큼이나 많다. 하지만 이 시는 그런 류類와는 좀 다르다. "대님 접어 매신 할아버지"가 "천불산 계곡 향취"를 당신의 "옷섶에 품어 오실" 날을 기다리는 '기원시'이기 때문이다. 시는 전아典雅한 운주사 모습을 동화적 그림으로 구현해 보인다. 천불의 내력을 개명해 보이는 이 같은 시도는 처음이지 않을까도 싶다. 할아버지가 "닦아올린 치성"은 "계단"이 되어 "탑"을 이룬다. '두루마기' 휘날리며 천불산 바람과 향취를 맞는 자세가 바로 와불이 설 때의 모습일 것이다. 두루마기 할아버지는 "번뇌의 허상들"을 "털어내려는 몸짓"으로 절절한 세상을 맞는다. "하늘빛 그리움"을 지닌 "와불"을 향해 "합장"을 하는 할아버지 모습은 서사의 절정이다.

　와불은 그의 기원으로 일어설 것이다. 이 같은 기운은 천불산 "솔잎 향"이 "두루마기 옷고름"을 거쳐 할아버지에게로 스며드는 것에서 직감된다. 운주사에 담긴 동화적 서사에 신비적 서정을 입혀낸 작품이다.

4

　　올려다봐도
　　내려다봐도

단 한 번 마주할 길 없는
손등과 손바닥

손톱 경계벽 너머로
약간의 기웃거림이 전부다

체념하듯 서로는
곱고도 부드러운 손결과
단단해서 주저앉을 게 없다는 손바닥
판이하게 차별된 양면은
다투어 자랑 앞세우기 바쁘다

제각각 특성 인정하며
맡겨진 역할
거부감 없이 받아들여
값진 제 몫에 충실하면 될 것을

상반된 두 층
그립다 보고 싶다
떠올린 것조차 상상할 수 없어
손톱 경계 사이에 두고
그저 힐긋 기웃거려봐도
서로 각각 외롭다
― 「손톱을 사이에 두고」 전문

손등과 손바닥은 이율배반적 관계다. '손바닥 뒤집기'란 속담에서 보듯, 손등을 손바닥으로 뒤집는 일, 또는 역으로 뒤집는 일이란 쉬운 일이다. 하지만 "한 번도 마주할 길 없는" 것이 "손등과 손바닥" 사이일 것이다. "곱고도 부드러운" 손등의 "손결", 반면에 "단단해서 주저앉지 않을 게 없다는 손바닥"은 합체이지만 "판이하게 차별된 양면"이란 각 개체로써 엄존한다. 이 둘은 손톱을 사이에 두고 각자 주장을 달리한다. 제 이면을 접경지 손톱 너머로 기웃거려 보는 게 소통의 전부다. 손의 양면은 제 자랑을 다투듯 "제각각 특성"을 "인정하며 맡겨진 역할"을 한다. 그때마다 둘은 "손톱 경계 사이"에서 "그저 힐긋 기웃거려" 볼 뿐 소통은 없다. 그래서 외롭다. 이 외로움이란 같은 손이지만 느끼는 방향이 다르기에 겪는 일이다. 굳어진 경계는 지울 수 없으나 넘을 수는 있을 것이다. 우리 사회가 안고 있는 극단, 이를 치유할 통합문제도 결국 손등과 손바닥처럼 넘나드는 데서 찾아야 하지 않을까. 그걸 상징적으로 내비치는 작품이다.

> 선산 향해 성묘 가는 자동차 안에서
> 1971년 존 덴비가 발표한 노래
> Take Me Home Country Roads
> (그리운 고향길)

잔잔히 들으며
하늘 땅에 펼쳐진 자연 그림
눈 안에 담는다

가까이 다가왔다가
하늘 멀리
뭉게구름으로 형상을 만든
아름답고 청아하고 그리운 풍경들

고이 잠들어 침묵하는 유택
상석 위에 차려 놓은 음식에서
연기처럼 스며 나와 번진
옥고시 유과 콩떡의 꼬순 내음

오래된 종갓집에서
할머니가 건네주던 전통 과자, 누룽지 그 맛
꼬스름하고 달콤한 냄새

성묘하는 후손들 코끝 간질거려
고소한 향수 속으로 빠져들게 한다
― 「꼬순내」 전문

"꼬순내"는 전라도의 순 토박이말이다. 주로 전煎을 붙이거나 "옥고시, 유과, 콩떡" 등을 만들 때 유혹하는 내음이다.

이 음식을 싸들고 "성묘 가는 자동차에서" 듣는 노래 "그리운 고향길" 음악에서도 그 꼬순내가 풍긴다. "자연 그림" 같은 풍경 속에 나오는 내음은 손님들을 유혹한다. "뭉게구름으로 형상"을 이룬 "청아하고 그리운 풍경"을 배경으로 묘소의 "상석 위에 차려 놓은 음식"에도 예의 꼬순내는 자연스레 번진다. 유택은 "잠들어 침묵"하지만, 꼬순내로 하여금 조상님이 일어나 마중하고 입맛을 다실 것이다. "전통과자"에서 풍기는 꼬순내는 성묘하는 후손들조차 즐겁게 한다. 해서 고향 찾은 손님들에게 어린 날 향수에 젖게 만든다. 남도의 정분을 '꼬순내'로 하여금 되살려 놓은 작품이라 하겠다.

5

19세기 영국 비평가 윌리엄 해즐리트(W. Hazlit, 1778~1830)는 '시는 상상의 언어이자 정열의 언어'라고 규정한 바 있다. 이 말은 상상력과 열정 없이는 시를 쓸 수 없다는 선언식 아포리즘이다. 시는 '형상화figuration와 서정의 힘power'으로 완성되며 화자에게 현상을 보이거나 말하는 그 일차적 기능으로 본다. 즉 〈여러 현상-현시와 시범-인상 전달〉의 과정을 거치는 게 시라는 사실이다. 그러므로 시는 ①'사물의 현상과 반응'으로써 [독자에게 말하기]와 ②'현시와 시범'으로써

[화자의 말하기·듣기], ③'인상의 전달'로써 [화자·청자 의식하기] 등의 순차를 거친다고 볼 수 있다.

이 외의 장혜진 시 몇 편을 더 요약해 보면, 대체로 시인의 서정시는 〈현상-시범-전달〉에 도착하되 깊은 서정심을 짚어가고 있음을 알 수 있다.

「섬 하나 섬 하나 섬」에는 이어진 섬들과 그 섬 안에서 지탱해 가는 사람들의 애환을 노래한다. 「깨어나다」는 고단하게 살아온 아버지의 따듯한 행적을 길어낸다. 그리고 「하늘이 울다」는 무너지는 듯 통곡 속으로 산불 속행이 끼쳐오는 순간을 묘사한다. 「예초기 높은음」에는 초록 악보를 읽는 예초기의 속도를 다룬다. 「바위에게」에서는 평생 그림자하고만 놀아서 검갈색을 띤 바위 일생을 노래한다. 「규봉암의 가을」은 꽃잎과 단풍잎 같은 메모장이 햇살을 받아 스스로 환하게 펴 보인다는 미학을 담는다.

이 시편에서는 실재하는 장소를 재해석하고, 그 실재성의 심저에 있는 존재성, 그리고 그 존재의 생성에 따른 깊은 심리적 서정을 가져와 기표화해 보인다.

논의해온 바, 온화하고 섬세한 향토적 체질로 서정계를 주도하는 게 정혜진 시학의 특징이다. 아동문학가로 닦아온 문학적 세계가 야심차게 선보이는 이 시집에서 더 여실하고 깊어짐을 보인다. 읽는 맛도 당긴다. 그동안 다져온 향토적이고도 뿌리 깊은 서정을 꾸준히 가다듬었기에 가능한 일로 보인다.

시집 상재에 즈음하여, '깊이의 시'로 목마른 독자에게 맑은 물을 길어주는 그 두레박 역할에 감사드린다. 무릇 건필을 바라며, 다음 시집을 기다리는 것은 자연스럽고도 당연한 일이라 하겠다.

155
현대시학 시인선

너나들이 향기 꽃

초판 1쇄 발행	2025년 7월 25일
지은이	정혜진
발행인	전기화
책임편집	이주희
발행처	현대시학사
등록일	1969년 1월 21일
등록번호	종로 라 00079호
주소	서울시 서대문구 충정로 11길 26 현대빌딩 101호
전화	02.701.2341
블로그	http://blog.daum.net/hdsh69
이메일	hdsh69@daum.net
배포처	(주)명문사 02.319.8663
ISBN	979-11-93615-33-1 03810

○ 책값은 뒤표지에 있습니다.
○ 이 책의 판권은 지은이와 현대시학사에 있습니다.
  이 책 내용의 전부 또는 일부를 재사용하려면 반드시 양측의 서면 동의를 받아야 합니다.
○ 잘못 만들어진 책은 구입하신 서점에서 교환해 드립니다.
○ 이 책은 한국예술인복지재단에서 출판비를 지원받아 제작되었습니다.